Impressum
Verlag: BABADADA GmbH, Nedderfeld 112 , 22529 Hamburg
Geschäftsführer / Verlagsleitung: Harald Hof
Druck: Books on Demand GmbH, In de Tarpen 42, 22848 Norderstedt

Imprint
Publisher: BABADADA GmbH, Nedderfeld 112 , 22529 Hamburg, Germany
Managing Director / Publishing direction: Harald Hof
Print: Books on Demand GmbH, In de Tarpen 42, 22848 Norderstedt, Germany

1

# škola
# skola

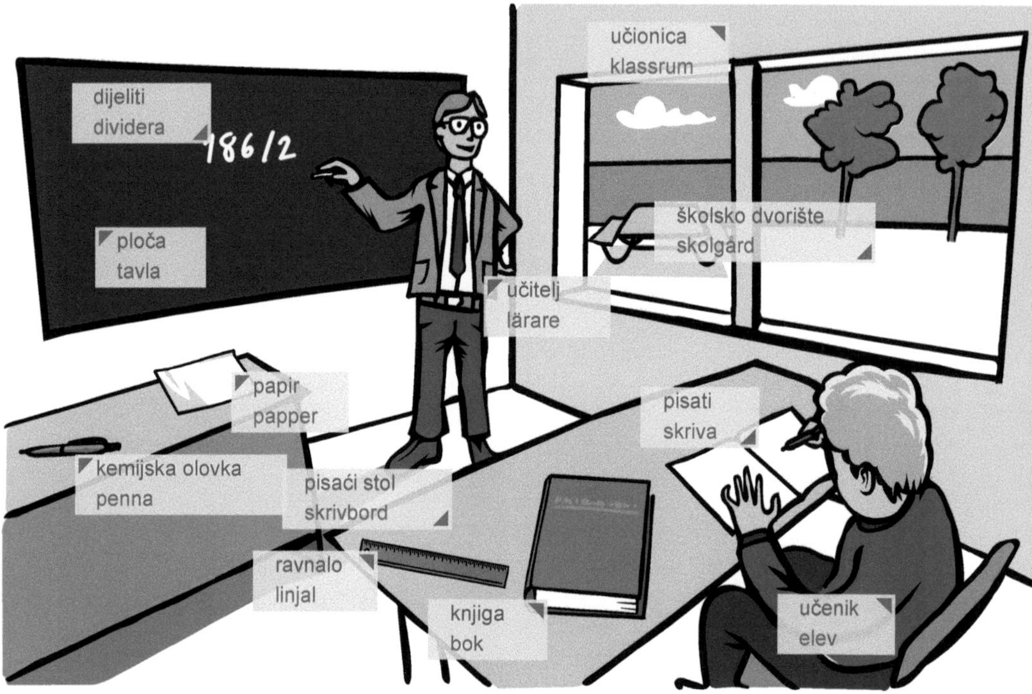

učionica
klassrum
dijeliti
dividera
186/2
ploča
tavla
školsko dvorište
skolgård
učitelj
lärare
papir
papper
pisati
skriva
kemijska olovka
penna
pisaći stol
skrivbord
ravnalo
linjal
knjiga
bok
učenik
elev


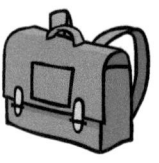

torba
skolväska

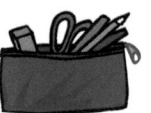

pernica
pennfodral

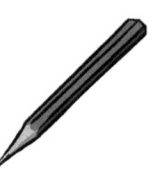

grafitna olovka
blyertspenna

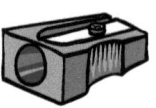

šiljilo za olovke
pennvässare

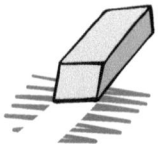

gumica za brisanje
suddgummi

blok za crtanje
ritblock

crtež

teckning

kist

pensel

kutija s bojama

målarlåda

makaze

sax

ljepilo

lim

bilježnica

övningsbok

domaći zadatak

hemläxa

broj

tal

sabirati

addera

oduzimati

subtrahera

množiti

multiplicera

računati

räkna

slovo

bokstav

abeceda

alfabet

riječ

ord

tekst
text

čitati
läsa

kreda
krita

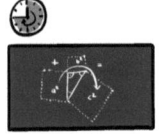

sat
lektion

dnevnik
register

ispit
prov

svjedodžba
intyg

školska uniforma
skoluniform

obrazovanje
utbildning

leksikon
uppslagsverk

sveučilište
universitet

mikroskop
mikroskop

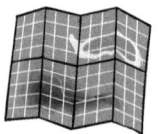

karta
karta

košara za papir
papperskorg

# putovanje
## resa

hotel
hotell
Grand
prenoćište
vandrarhem
ROOMS
mjenjačnica
växelkontor
EXCHANGE
kofer
resväska
auto
bil

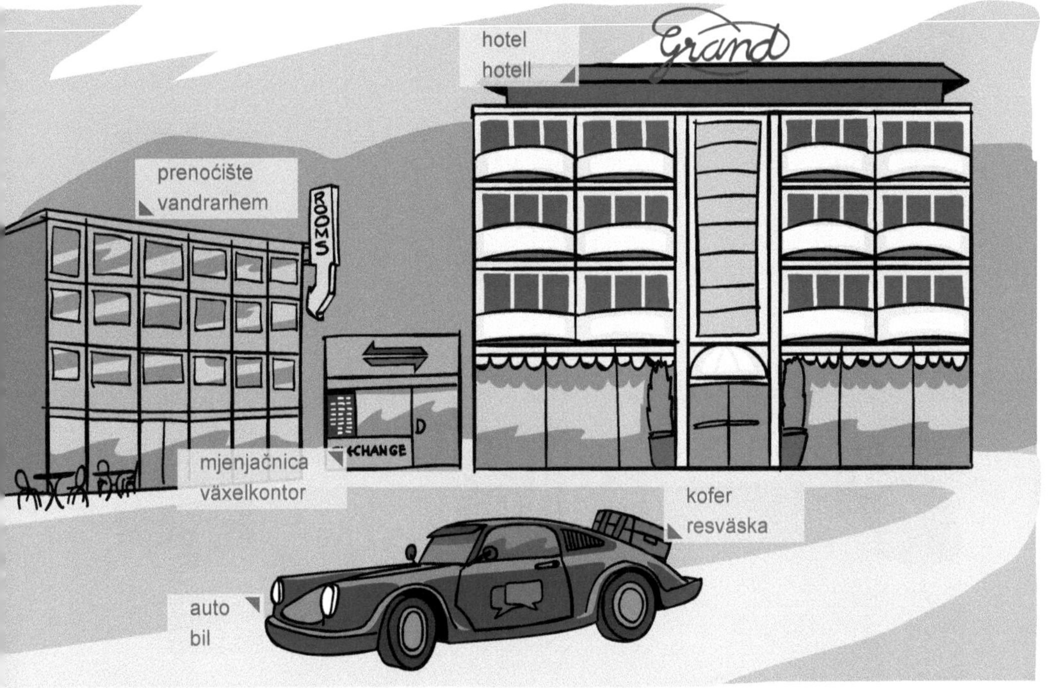

jezik

språk

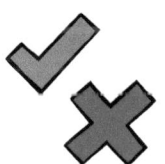

da / ne

ja / nej

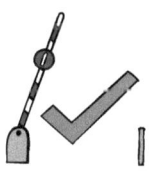

okay

Okay

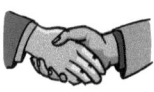

zdravo

hej

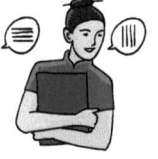

prevoditelj

översättare

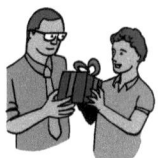

hvala

Tack

Koliko košta...?

hur mycket kostar...?

ne razumijem

jag förstår inte

problem

problem

dobro veče!

God kväll!

Dobro jutro!

God morgon!

Laku noć!

God natt!

doviđenja

hejdå

smjer

riktning

prtljaga

bagage

torba

väska

ruksak

ryggsäck

gost

gäst

soba

rum

vreća za spavanje

sovsäck

šator

tält

turističke informacije

turistinformation

plaža

strand

kreditna kartica

kreditkort

doručak

frukost

ručak

lunch

večera

middag

karta za vožnju

biljett

dizalo

hiss

poštanska markica

frimärke

granica

gräns

carina

tull

ambasada

ambassad

viza

visum

putovnica

pass

# transport
# transport

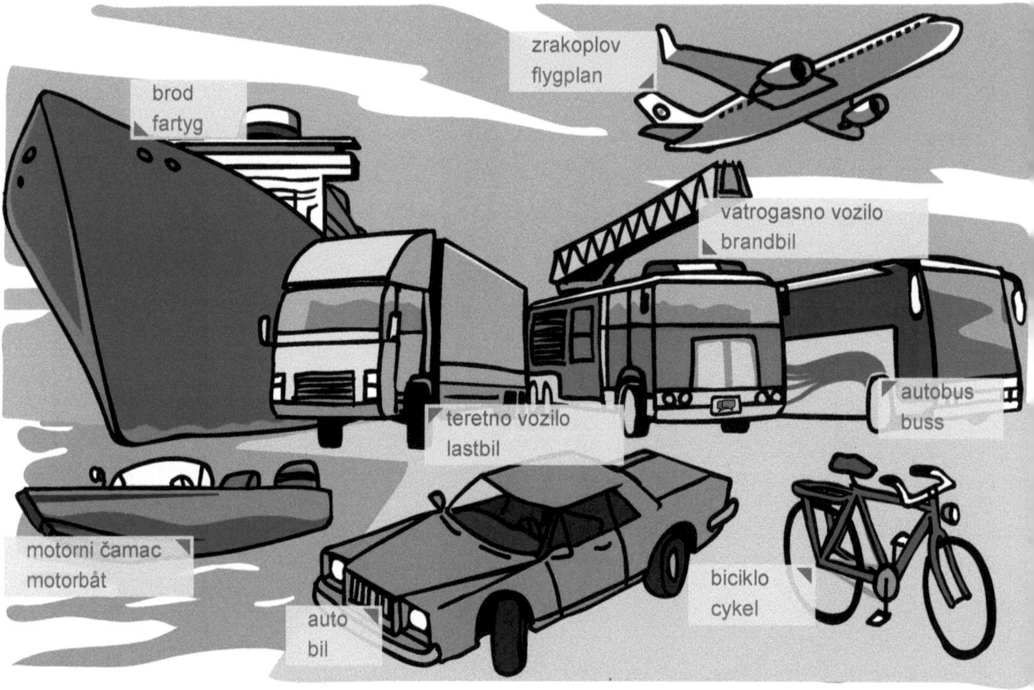

zrakoplov
flygplan
brod
fartyg
vatrogasno vozilo
brandbil
autobus
buss
teretno vozilo
lastbil
motorni čamac
motorbåt
biciklo
cykel
auto
bil


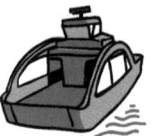

trajekt
färja

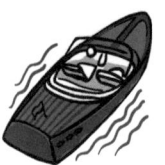

čamac
båt

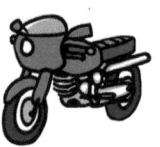

motocikl
motorcykel

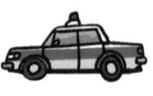

policijski auto
polisbil

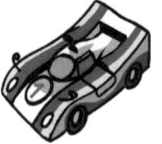

trkaći auto
racerbil

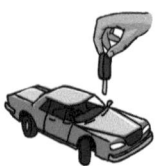

iznajmljeno auto
hyrbil

dijeljenje automobila

bilpool

vučno vozilo

bärgningsbil

vozilo za odvoz smeća

sopbil

motor

motor

benzin

bränsle

benzinska postaja

bensinstation

prometni znak

vägmärke

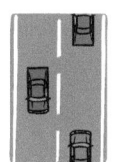

promet

trafik

zastoj

bilkö

parkiralište

parkeringsplats

kolodvor

tågstation

šine

räls

vlak

tåg

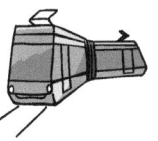

tramvaj

spårvagn

vagon

vagn

helikopter
helikopter

zrakoplovna luka
flygplats

toranj
torn

putnik
passagerare

kontejner
container

karton
kartong

kolica
vagn

košara
korg

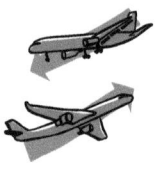

uzletjeti / sletjeti
starta / landa

# grad
## stad

selo
by

centar grada
centrum

kuća
hus

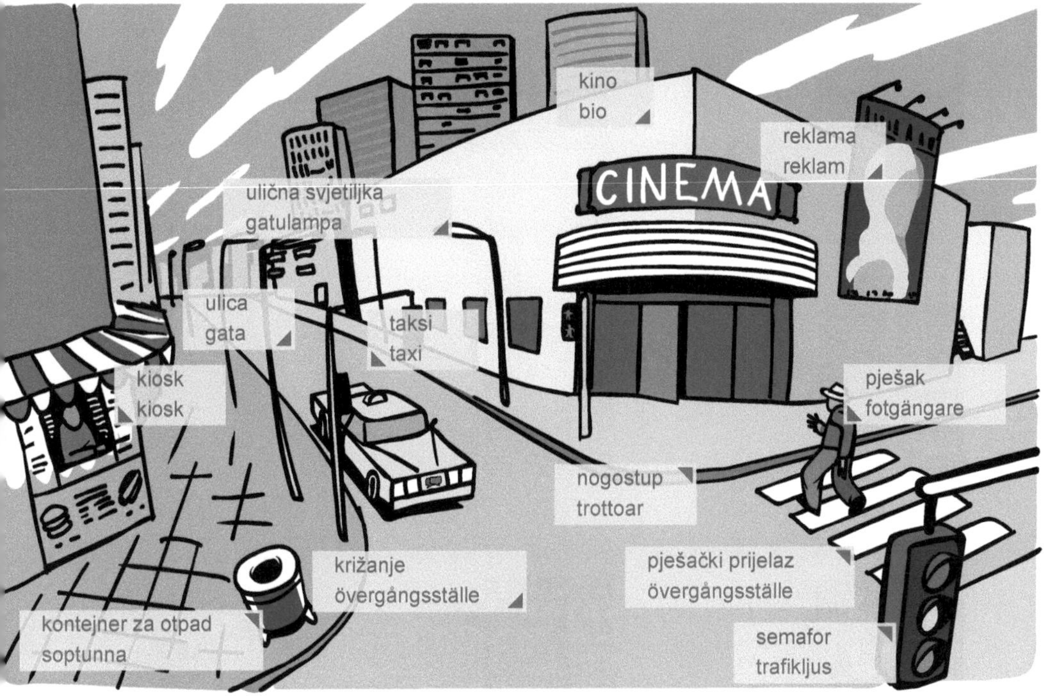
kino
bio
reklama
reklam
CINEMA
ulična svjetiljka
gatulampa
ulica
gata
taksi
taxi
kiosk
kiosk
pješak
fotgängare
nogostup
trottoar
križanje
övergångsställe
pješački prijelaz
övergångsställe
kontejner za otpad
soptunna
semafor
trafikljus

koliba

stuga

stan

lägenhet

kolodvor

tågstation

vijećnica

stadshus

MUSEUM

muzej

museum

škola

skola

sveučilište

universitet

banka

bank

bolnica

sjukhus

hotel

hotell

ljekarna

apotek

ured

kontor

knjižara

bokhandel

prodavaonica

affär

cvjećara

blomsterbutik

supermarket

stormarknad

trg

marknad

robna kuća

varuhus

ribarnica

fiskhandlare

trgovački centar

köpcentrum

luka

hamn

park
park

klupa
bänk

most
brygga

stepenice
trappa

podzemna željeznica
tunnelbana

tunel
tunnel

autobusna stanica
busshållplats

bar
bar

restoran
restaurang

poštansko sanduče
brevlåda

ulični znak
gatuskylt

parkirni sat
parkeringsautomat

zoološki vrt
zoo

bazen
simbassäng

džamija
moské

seosko gazdinstvo

bondgård

zagađenje okoliša

förorening

groblje

kyrkogård

crkva

kyrka

igralište

lekplats

hram

tempel

## krajolik
## landskap

list
löv

putokaz
vägskylt

put
väg

livada
äng

kamen
sten

šetač
liftare

drvo
träd

rijeka
flod

trava
gräs

cvijet
blomma

dolina

dal

planina

kulle

jezero

sjö

šuma

skog

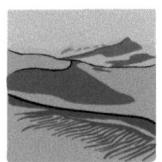

pustinja

öken

vulkan

vulkan

dvorac

slott

duga

regnbåge

gljiva

svamp

palma

palm

moskito

mygga

muha

fluga

mrav

myra

pčela

bi

pauk

spindel

buba

skalbagge

žaba

groda

vjeverica

ekorre

jež

igelkott

zec

hare

sova

uggla

ptica

fågel

labud

svan

divlja svinja

vildsvin

jelen

rådjur

los

älg

nasip

damm

vjetrenjača

vindkraftverk

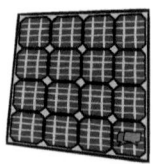

solarna ploča

solcellspanel

klima

klimat

# restoran
# restaurang

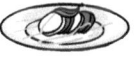

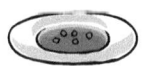

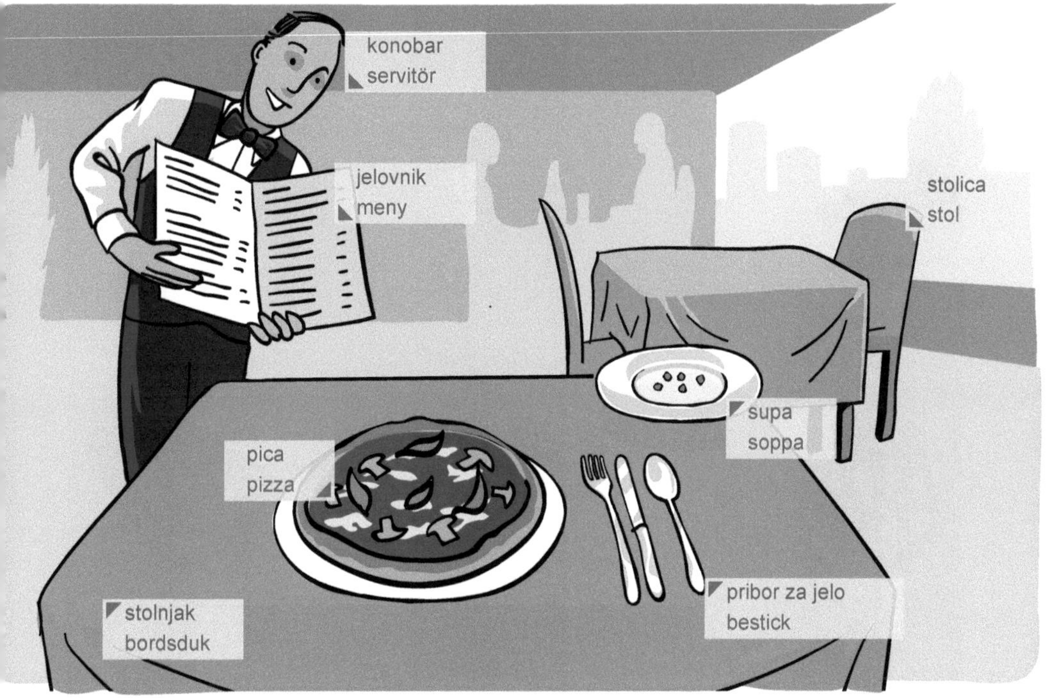
konobar
servitör
jelovnik
meny
stolica
stol
supa
soppa
pica
pizza
pribor za jelo
bestick
stolnjak
bordsduk

predjelo
förrätt

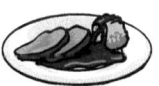

glavno jelo
huvudrätt

desert
dessert

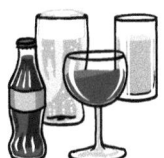

napitci
drycker

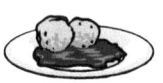

jelo
mat

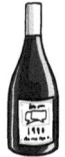

boca
flaska

fastfood
snabbmat

imbis hrana
street food

čajnik
tekanna

doza za šećer
sockerskål

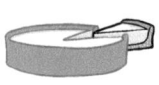

porcija
portion

aparat za espresso
espressomaskin

visoka stolica
barnstol

račun
räkning

pladanj
bricka

nož
kniv

vilica
gaffel

žlica
sked

čajna žlica
tesked

ubrus
servett

čaša
glas

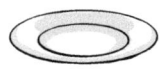

tanjur
tallrik

tanjur za supu
sopptallrik

tanjurić
tefat

sos
sås

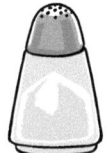

soljenka
saltkar

mlin za biber
pepparkvarn

ocat
vinäger

ulje
olja

začini
kryddor

kečap
ketchup

senf
senap

majoneza
majonnäs

# supermarket
# stormarknad

ponuda
specialerbjudande
kupac
kund
mliječni proizvodi
mejeriprodukter
voće
frukt
kolica za kupnju
varukorg
FOR


BUTCHERS


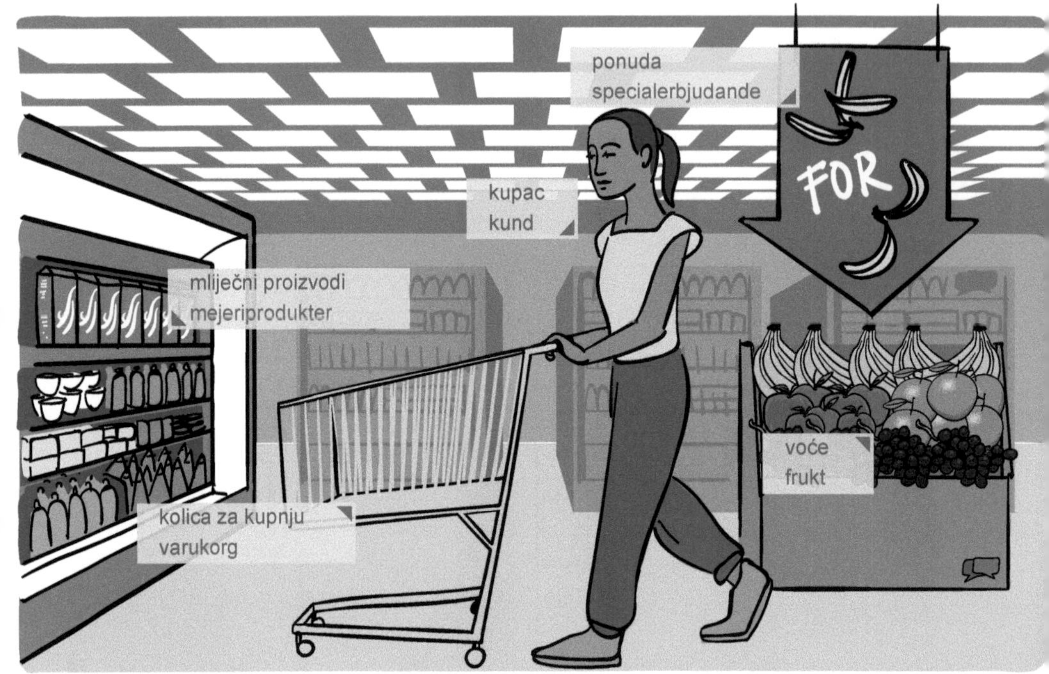

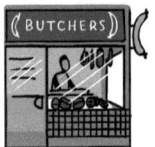

mesnica

charkuteri

BAKERY


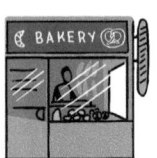

pekarnica

bageri

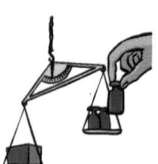

vagati

väga

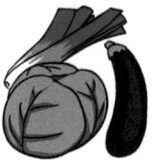

povrće

grönsaker

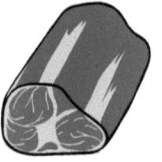

meso

kött

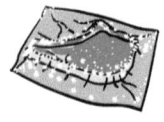

duboko smrznuta hrana

frysta livsmedel

| | | |
|---|---|---|
|  |  |  |
| narezak | konzerve | sredstvo za pranje |
| pålägg | konserver | tvättmedel |
|  |  |  |
| slatkiši | artikli za domaćinstvo | sredstva za čišćenje |
| godis | hushållsprodukter | rengöringsmedel |
|  |  |  |
| prodavačica | blagajna | blagajnik |
| försäljare | kassa | kassör |
|  |  |  |
| lista za kupnju | vrijeme rada | novčanik |
| inköpslista | öppettider | plånbok |
|  |  |  |
| kreditna kartica | torba | plastična vrećica |
| kreditkort | väska | plastpåse |

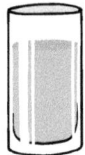

voda

vatten

sok

juice

mlijeko

mjölk

cola

cola

vino

vin

pivo

öl

alkohol

alkohol

kakao

kakao

čaj

te

kava

kaffe

espresso

espresso

cappuccino

cappuccino

banana

banan

jabuka

äpple

naranča

apelsin

lubenica

melon

limun

citron

mrkva

morot

češnjak

vitlök

bambus

bambu

luk

lök

gljiva

svamp

orašasti plodovi

nötter

rezanci

nudlar

špagete

spaghetti

riža

ris

salata

sallad

pomfrit

pommes frites

pečeni krumpir

stekt potatis

pica

pizza

hamburger

hamburgare

sendvič

smörgås

šnicla

schnitzel

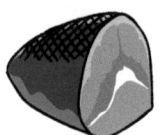

pršut

skinka

salama

salami

kobasica

korv

kokoš

kyckling

pečenje

stek

riba

fisk

zobene pahuljice

havregryn

musli

müsli

kukuruzne pahuljice

cornflakes

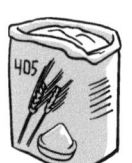

brašno

mjöl

roščić

croissant

pecivo

fralla

kruh

bröd

toast

rostat bröd

keksi

kex

maslac

smör

svježi sir

kvarg

kolač

kaka

jaje

ägg

jaje na oko

stekt ägg

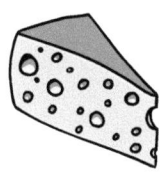

sir

ost

sladoled

glass

šećer

socker

med

honung

marmelada

sylt

nugat krema

nougatkräm

curry

curry

# seosko gazdinstvo
# bondgård

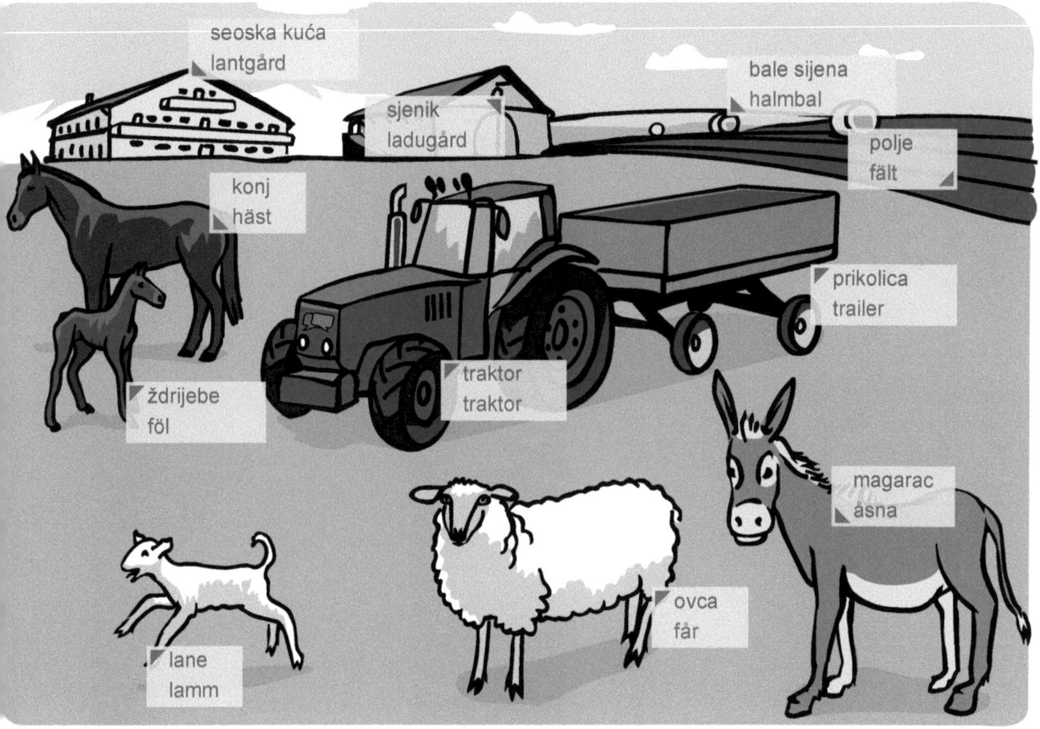
seoska kuća
lantgård
sjenik
ladugård
bale sijena
halmbal
polje
fält
konj
häst
prikolica
trailer
traktor
traktor
ždrijebe
föl
magarac
åsna
ovca
får
lane
lamm

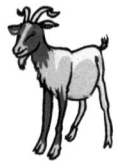

koza

get

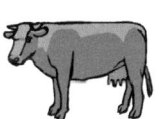

krava

ko

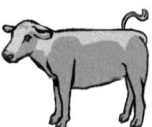

tele

kalv

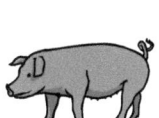

svinja

gris

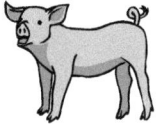

prase

griskulting

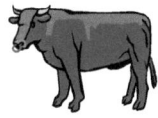

bik

tjur

guska
gås

patka
anka

pilići
kyckling

kokoš
höna

pijetao
tupp

pacov
råtta

mačka
katt

miš
mus

vol
oxe

pas
hund

kućica za psa
hundkoja

vrtno crijevo
trädgårdsslang

kanta za polijevanje
vattenkanna

kosa
lie

plug
plog

srp

skära

motika

hacka

vilica za gnojivo

högaffel

sjekira

yxa

tačke

skottkärra

korito

tråg

posuda za mlijeko

mjölkflaska

vreća

säck

ograda

staket

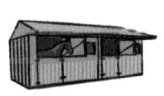

štala

stall

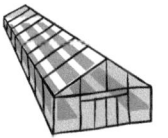

staklenik

växthus

zemlja

jord

sjeme

säd

gnojivo

gödsel

kombajn

skördetröska

žanjati

skörda

žetva

skörd

yams začin

jams

pšenica

vete

soja

soja

krumpir

potatis

kukuruz

majs

uljana repica

raps

voćka

frukträd

gomolj manioke

maniok

žitarice

spannmål

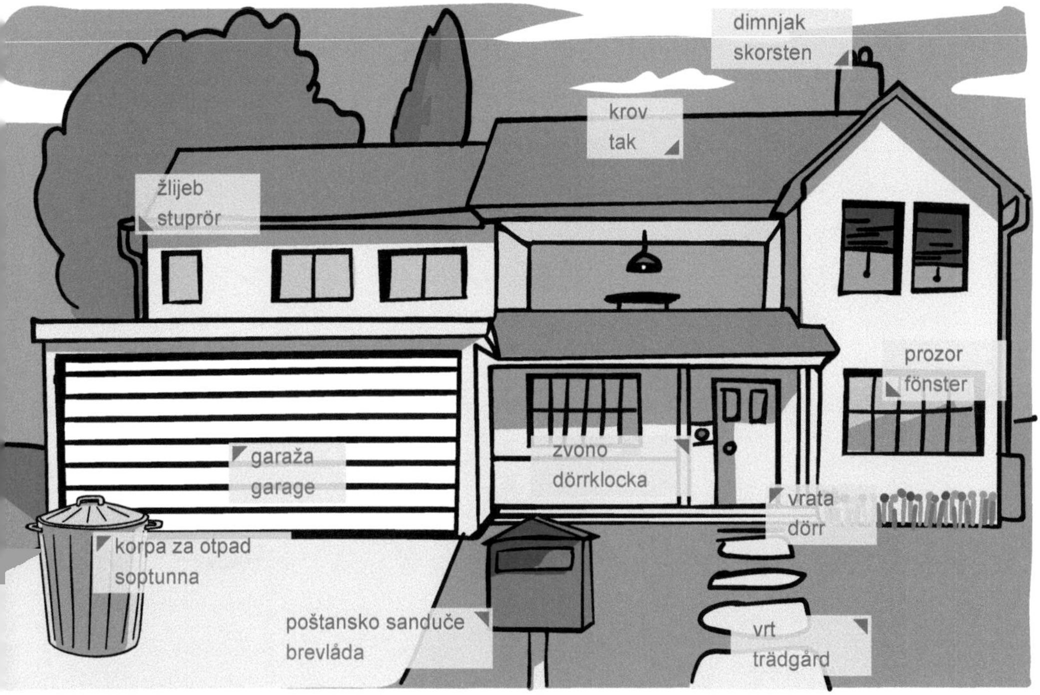

dimnjak
skorsten

krov
tak

žlijeb
stuprör

prozor
fönster

garaža
garage

zvono
dörrklocka

vrata
dörr

korpa za otpad
soptunna

poštansko sanduče
brevláda

vrt
trädgård

dnevna soba
vardagsrum

kupaonica
badrum

kuhinja
kök

spavaća soba
sovrum

dječija soba
barnrum

trpezarija
matsal

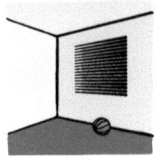

pod

golv

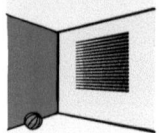

zid

vägg

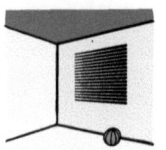

strop

tak

podrum

källare

sauna

bastu

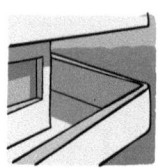

balkon

balkong

terasa

terrass

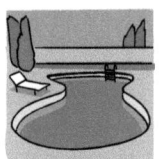

bazen

bassäng

kosilica za travu

gräsklippare

posteljina za krevet

lakan

deka za krevet

överkast

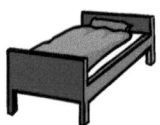

krevet

säng

metla

kvast

kanta

hink

sklopka

strömbrytare

# dnevna soba
# vardagsrum

tapeta
tapet
slika
bild
svjetiljka
lampa
regal
hylla
ormar
skåp
televizija
TV
kamin
eldstad
cvijet
blomma
jastuk
kudde
kauč
soffa
vaza
vas
daljinski upravljač
fjärrkontroll


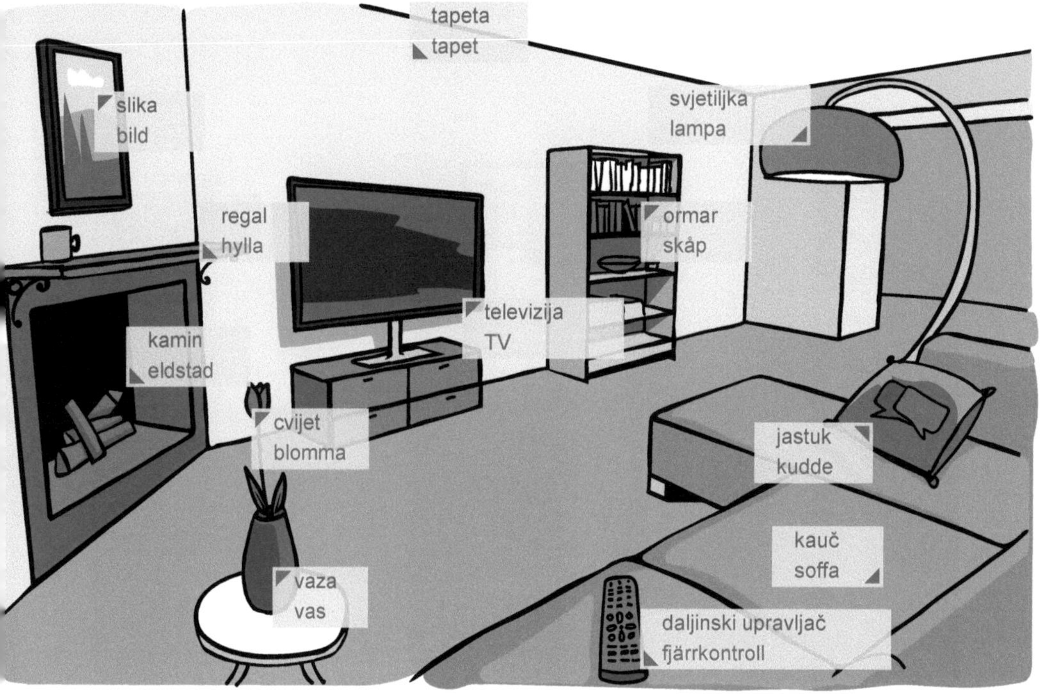

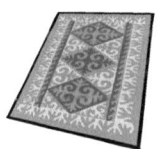

tepih

matta

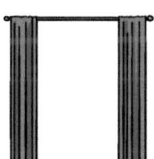

zavjesa

gardin

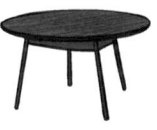

stol

bord

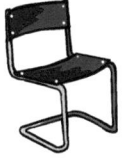

stolica

stol

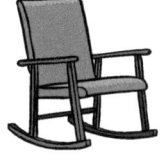

stolica za njihanje

gungstol

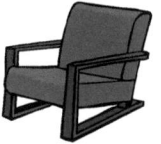

fotelja

fåtölj

knjiga

bok

deka

filt

dekoracija

dekoration

drvo za ogrjev

vedträ

film

film

stereo uređaj

stereoanläggning

ključ

nyckel

novine

dagstidning

slika na platnu

målning

poster

poster

radio

radio

blok za pisanje

anteckningsbok

usisavač

dammsugare

kaktus

kaktus

svijeća

stearinljus

# kuhinja
# kök

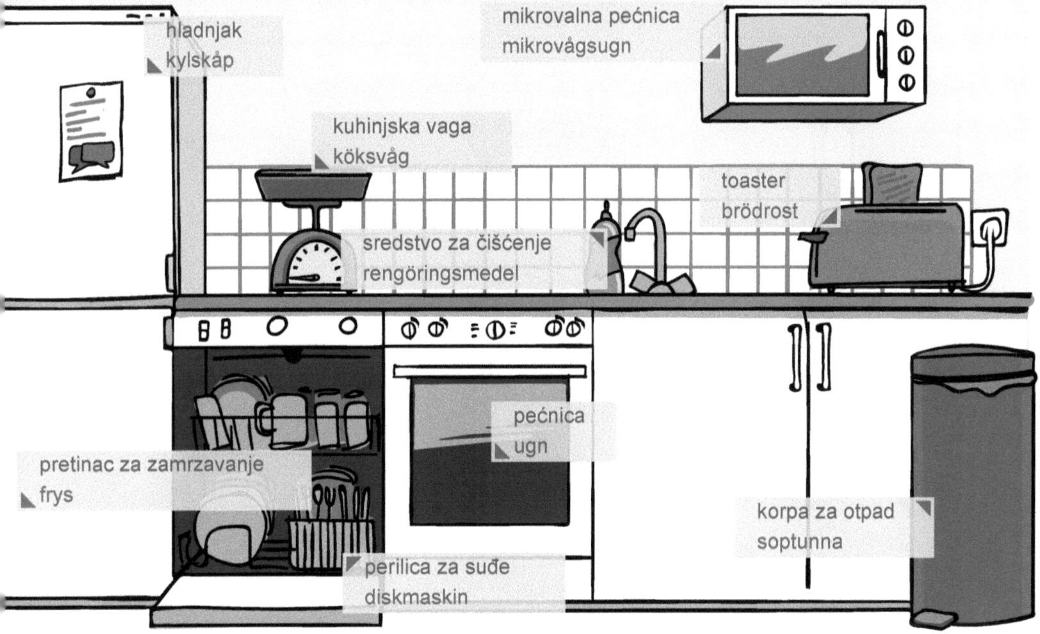
hladnjak
kylskåp
mikrovalna pećnica
mikrovågsugn
kuhinjska vaga
köksvåg
toaster
brödrost
sredstvo za čišćenje
rengöringsmedel
pećnica
ugn
pretinac za zamrzavanje
frys
korpa za otpad
soptunna
perilica za suđe
diskmaskin

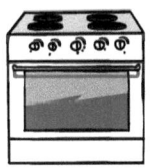

štednjak

spis

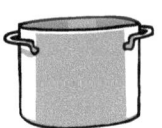

lonac

kastrull

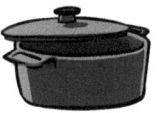

željezni lonac

järngryta

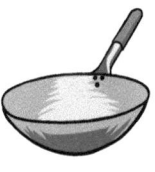

wok / kadai

wok / kadai

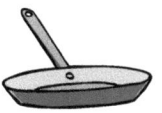

tava

stekpanna

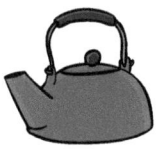

kuhalo za vodu

vattenkokare

kuhalo na paru

ångkokare

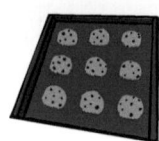

lim za pečenje

bakplåt

posuđe

porslin

čaša

mugg

zdjela

skål

štapići za jelo

ätpinnar

kutljača

soppslev

lopatica

stekspade

pjenjača

visp

sito za kuhanje

durkslag

sito

sil

ribež

rivjärn

mužar

mortel

roštilj

grill

ognjište

brasa

daska

skärbräda

oklagija

kavel

vadičep

korkskruv

konzerva

burk

otvarač konzervi

burköppnare

krpa za lonac

grytlapp

sudoper

vask

četka

borste

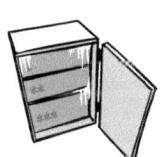

spužva

svamp

mikser

mixer

zamrzivač

frys

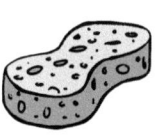

bočica za bebe

nappflaska

slavina za vodu

kran

# kupaonica
# badrum

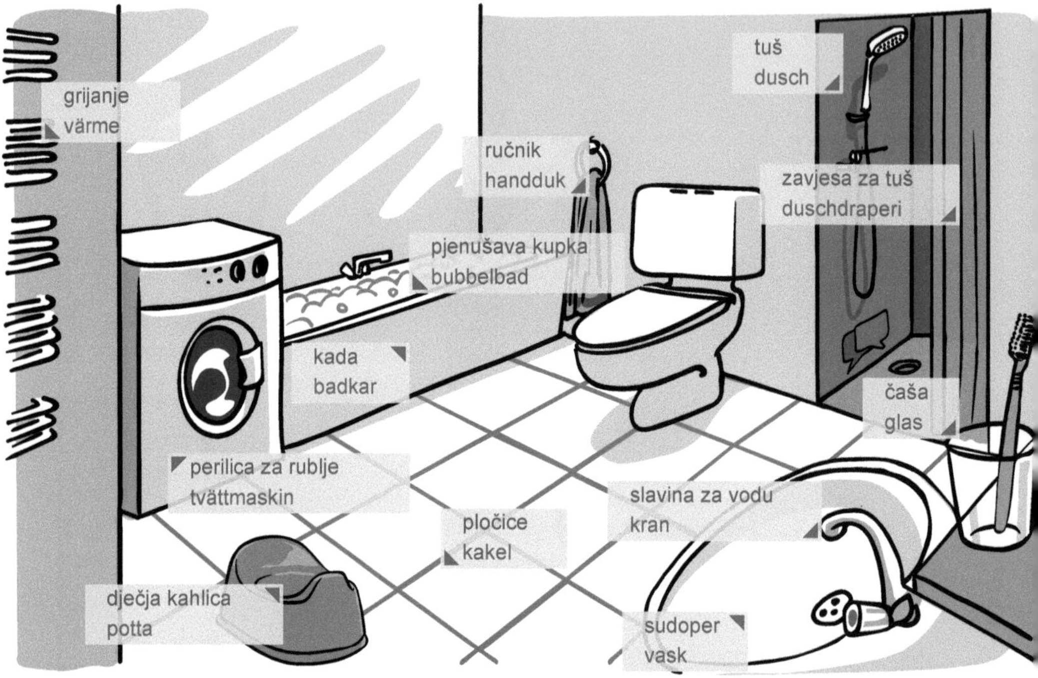
grijanje
värme
ručnik
handduk
tuš
dusch
zavjesa za tuš
duschdraperi
pjenušava kupka
bubbelbad
kada
badkar
čaša
glas
perilica za rublje
tvättmaskin
slavina za vodu
kran
pločice
kakel
dječja kahlica
potta
sudoper
vask

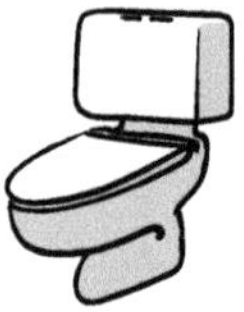

toalet

toalett

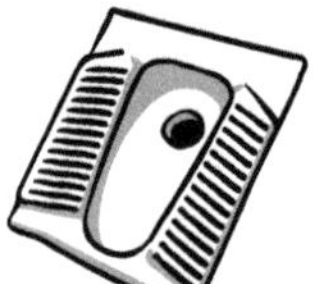

čučavac

låg toalett

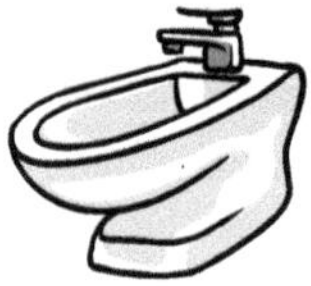

bidet

bidet

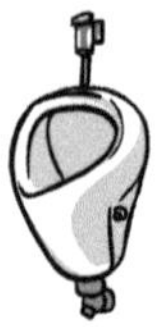

pisoar

pissoar

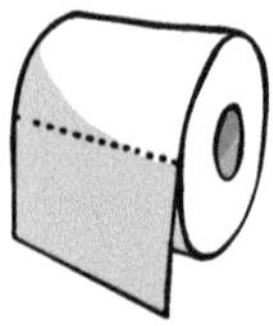

papir za toalet

toalettpapper

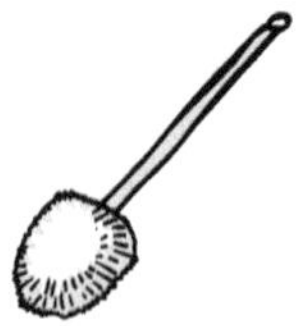

četka za toalet

toalettborste

četkica za zube

tandborste

pasta za zube

tandkräm

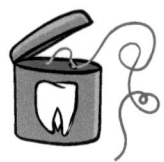

konac za zube

tandtråd

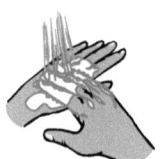

prati

tvätta

tuš ručica

handdusch

tuš za pranje intimnih dijelova

intimdusch

lavor

handfat

četka za pranje leđa

ryggborste

sapun

tvål

gel za tuširanje

duschgel

šampon

schampo

krpa za pranje

trasa

odvod

avlopp

krema

crème

dezodorans

deodorant

ogledalo

spegel

kozmetičko ogledalo

handspegel

brijač

rakhyvel

pjena za brijanje

raklödder

losion za poslije brijanja

rakvatten

češalj

kam

četka

borste

sušilo za kosu

hårtork

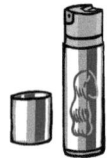

sprej za kosu

hårspray

makeup

smink

ruž za usne

läppstift

lak za nokte

nagellack

vata

bomullsvadd

škare za nokte

nagelsax

parfem

parfym

neseser
necessär

stolica
pall

vaga
våg

ogrtač
badrock

rukavice za čišćenje
gummihandskar

tampon
tampong

uložak
binda

kemijski toalet
kemisk toalett

# dječija soba

## barnrum

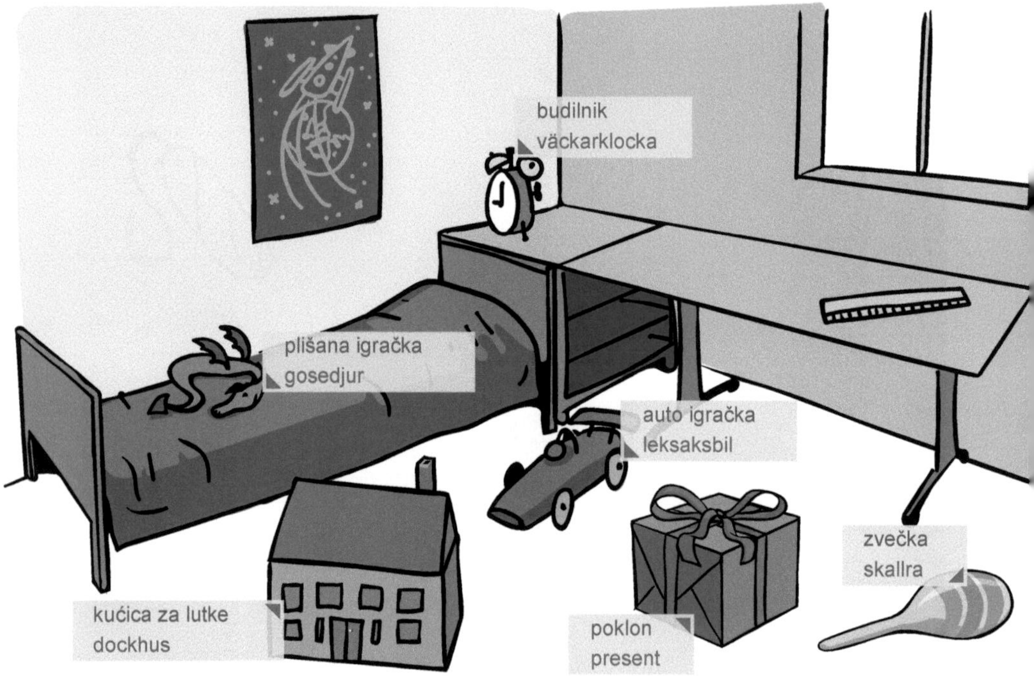
budilnik
väckarklocka
plišana igračka
gosedjur
auto igračka
leksaksbil
zvečka
skallra
kućica za lutke
dockhus
poklon
present

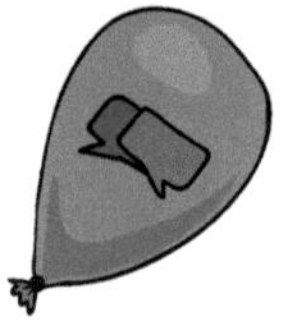

balon

ballong

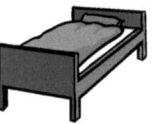

krevet

säng

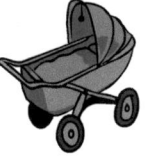

dječija kolica

barnvagn

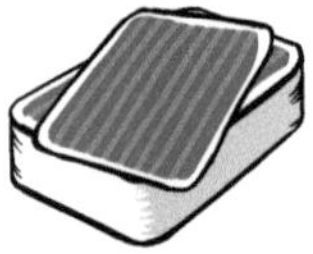

igra s kartama

kortlek

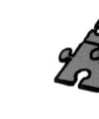

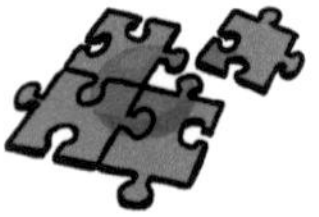

slagalica

pussel

SUPER
MEGA

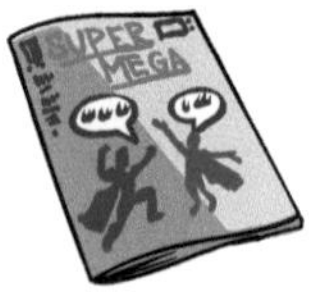

strip

serietidning

lego kockice

legobitar

kockice za slaganje

klossar

akcioni junak

actionfigur

kombinezon za bebe

sparkdräkt

frizbi

frisbee

 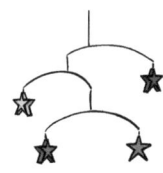

viseće igračke

mobil

društvene igre

brädspel

kocka

tärning

minijaturna željeznica

modelljärnväg

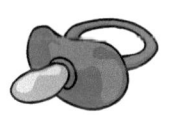

duda

napp

tulum

party

slikovnica

bilderbok

lopta

boll

lutka

docka

igrati

spela

pješčanik

sandlåda

ljuljačka

gunga

igračka

leksaker

konzola za igre

spelkonsol

tricikl

trehjuling

plišani medo

nalle

ormar

garderob

## odjeća
## kläder

kratke čarape

sockar

čarape

strumpor

hulahopke

tights

šal
halsduk

kišobran
paraply

t-shirt
t-shirt

kaiš
bälte

čizme
stövlar

papuče
tofflor

patike
sneakers

sandale
..............
sandaler

cipele
..............
skor

gumene čizme
..............
gummistövlar

gaćice
..............
underbyxor

grudnjak
..............
BH

potkošulja
..............
linne

odjeća - kläder

bodi

body

hlače

byxor

džins

jeans

haljina

kjol

bluza

blus

košulja

skjorta

džemper

pullover

pulover s kapuljačom

sweater

blejzer

blazer

jakna

jacka

kaput

kappa

kabanica

regnjacka

kostim

dräkt

haljina

klänning

vjenčanica

bröllopsklänning

odijelo
kostym

spavaćica
nattlinne

pidžama
pyjamas

sari
sari

rubac
slöja

turban
turban

burka
burka

kaftan
kaftan

abaja
abaya

kupaći kostim
baddräkt

kupaće gaćice
badbyxor

kratke hlače
shorts

odjeća za trening
träningsoverall

pregača
förkläde

rukavice
handskar

gumb

knapp

naočale

glasögon

narukvica

armband

ogrlica

halsband

prsten

ring

naušnica

örhänge

kapa

mössa

vješalica

galge

šešir

hatt

kravata

slips

patent zatvarač

dragkedja

kaciga

hjälm

naramenice

hängslen

školska uniforma

skoluniform

uniforma

uniform

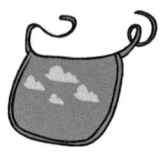

podbradak

haklapp

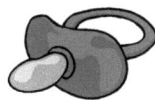

duda

napp

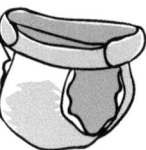

pelena

blöja

# ured
# kontor

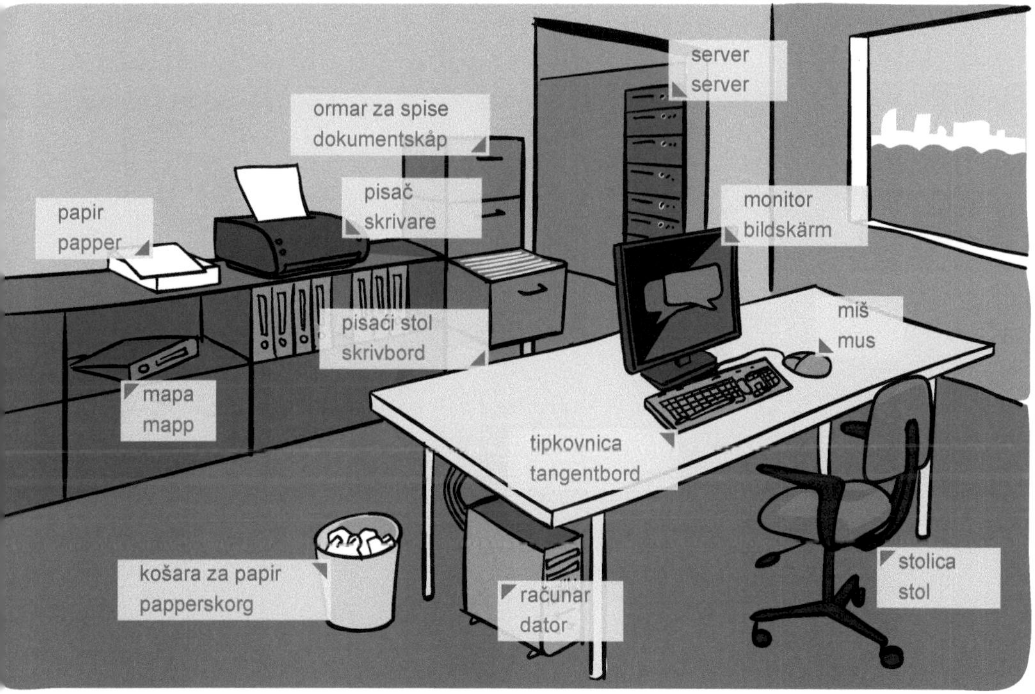

server
server
ormar za spise
dokumentskåp
papir
papper
pisač
skrivare
monitor
bildskärm
pisaći stol
skrivbord
miš
mus
mapa
mapp
tipkovnica
tangentbord
košara za papir
papperskorg
računar
dator
stolica
stol


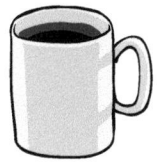

šalica za kavu

kaffemugg

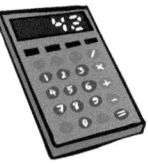

kalkulator

miniräknare

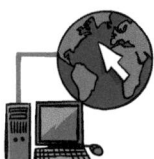

internet

internet

laptop

bärbar dator

pismo

brev

poruka

meddelande

mobilni telefon

mobiltelefon

mreža

nätverk

uređaj za kopiranje

kopieringsapparat

softver

programvara

telefon

telefon

utičnica

vägguttag

faks

fax

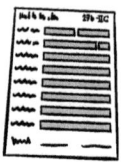

obrazac

blankett

dokument

dokument

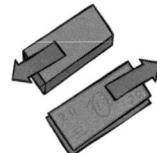

kupovati
köpa

platiti
betala

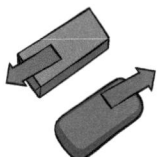

trgovati
handla

novac
pengar

**USD**

dolar
dollar

**EUR**

euro
euro

**JPY**

jen
yen

**RUB**

rubalj
rubel

**CHF**

švicarski franak
schweizisk franc

**CNY**

renmindbi yuan
renminbi yan

**INR**

rupija
rupie

.automat za novac
bankomat

mjenjačnica

växelkontor

zlato

guld

srebro

silver

nafta

olja

energija

energi

cijena

pris

ugovor

kontrakt

porez

skatt

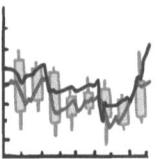

dionica

aktie

raditi

arbeta

službenik

anställd

poslodavac

arbetsgivare

tvornica

fabrik

prodavaonica

affär

# zanimanja
# yrken

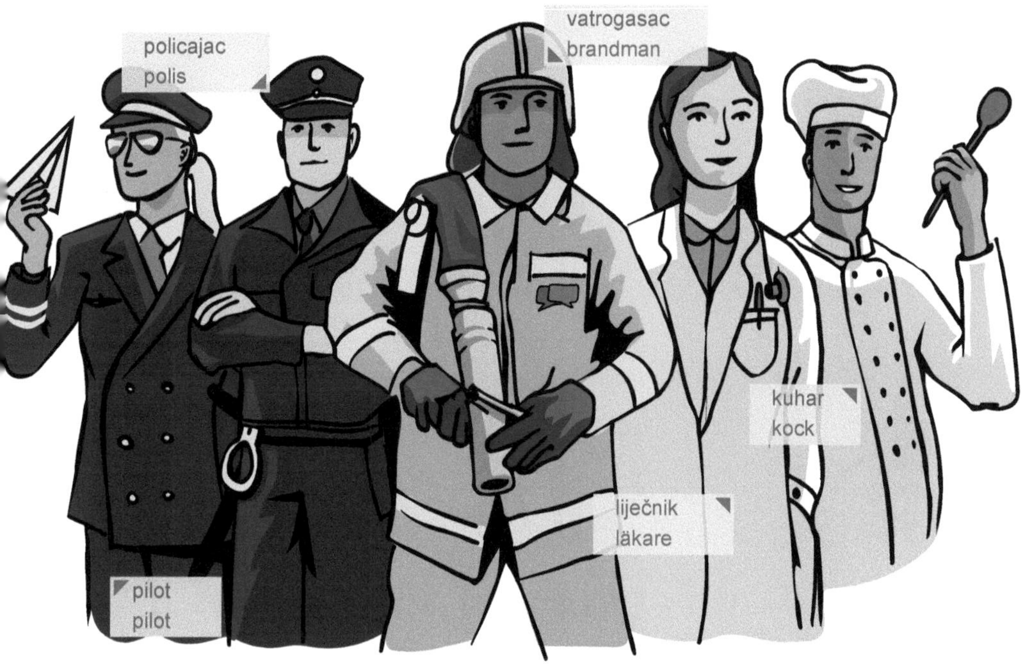
policajac
polis
vatrogasac
brandman
kuhar
kock
liječnik
läkare
pilot
pilot

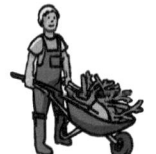

vrtlar

trädgårdsmästare

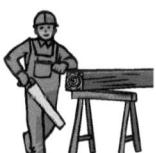

stolar

snickare

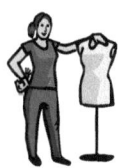

krojačica

sömmerska

sudija

domare

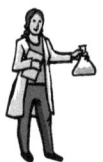

kemičar

kemist

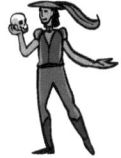

glumac

skådespelare

vozač autobusa

busschaufför

vozač taksija

taxichaufför

ribar

fiskare

čistačica

städerska

krovopokrivač

takläggare

konobar

servitör

lovac

jägare

slikar

målare

pekar

bagare

električar

elektriker

građevinski radnik

byggarbetare

inženjer

ingenjör

mesar

slaktare

limar

rörmokare

poštar

brevbärare

vojnik

soldat

arhitekta

arkitekt

blagajnik

kassör

cvjećar

florist

frizer

frisör

kondukter

konduktör

mehaničar

mekaniker

kapetan

kapten

zubar

tandläkare

znanstvenik

vetenskapsman

rabi

rabbin

imam

imam

monah

munk

svećenik

präst

# alati
# verktyg

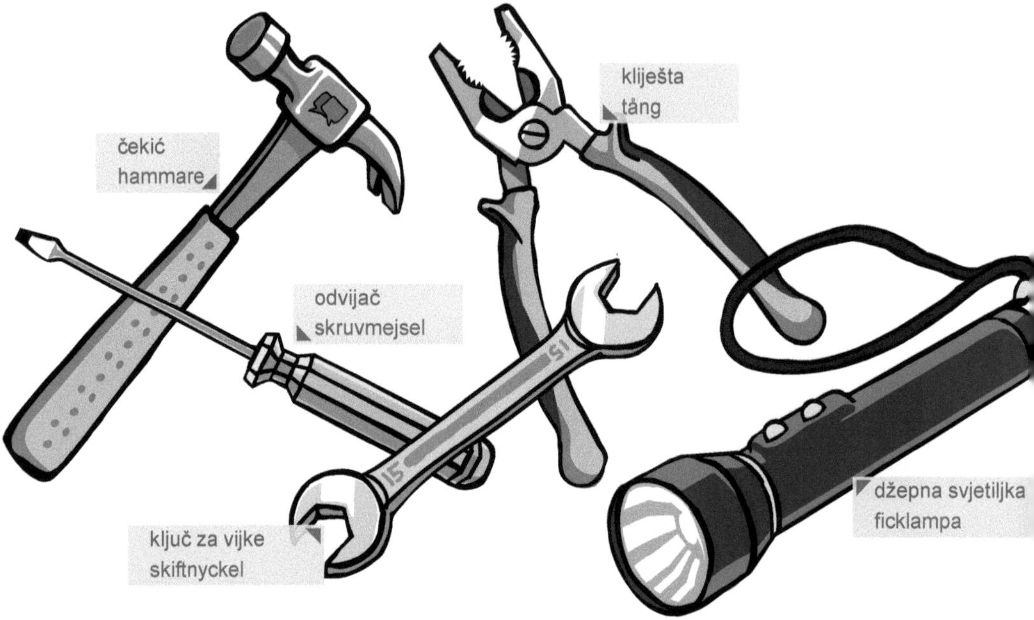
čekić
hammare
kliješta
tång
odvijač
skruvmejsel
ključ za vijke
skiftnyckel
džepna svjetiljka
ficklampa

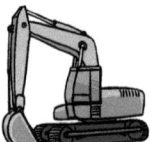

rovokopač

grävmaskin

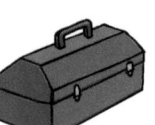

kutija za alat

verktygslåda

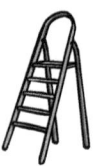

ljestve

stege

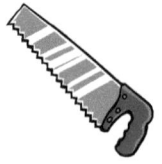

pila

såg

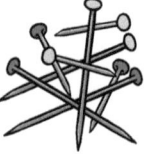

ekser

spik

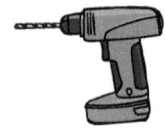

bušilica

borr

popraviti
reparera

lopata
spade

Sranje!
Helvete!

lopatica
sopskyffel

lonac za boju
färgburk

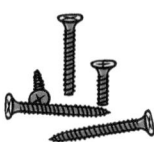

vijci
skruvar

## glazbeni instrument
## musikinstrument

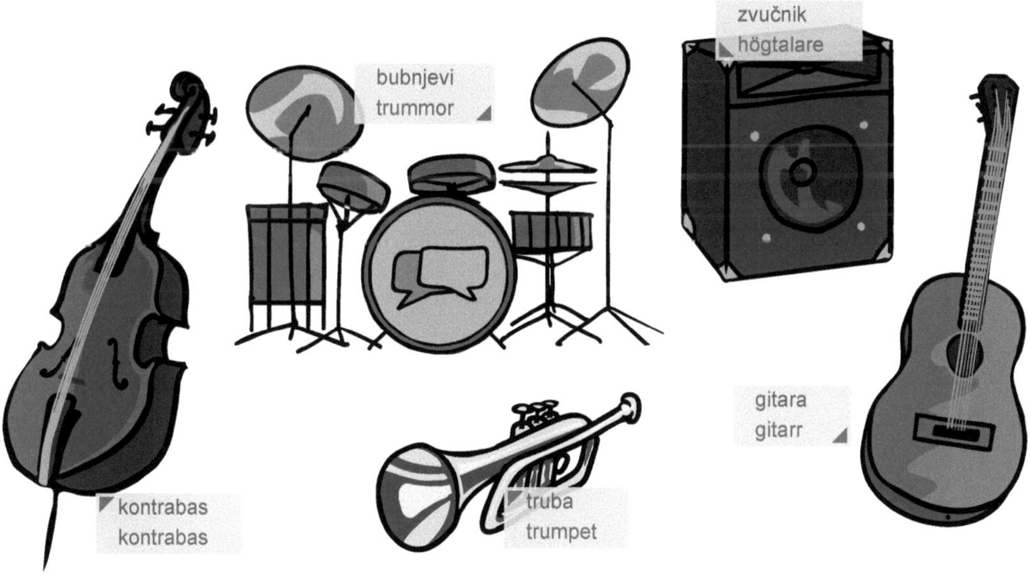

zvučnik
högtalare

bubnjevi
trummor

gitara
gitarr

kontrabas
kontrabas

truba
trumpet

klavir

piano

violina

violin

bas

bas

timpani

timpani

udaraljke za bubnjeve

trumma

keyboard

keyboard

saksofon

saxofon

flauta

flöjt

mikrofon

mikrofon

ulaz
ingång

tigar
tiger

kavez
bur

zebra
zebra

hrana za životinje
djurfoder

panda
panda

životinje
djur

slon
elefant

kengur
känguru

nosorog
noshörning

gorila
gorilla

medvjed
björn

kamila

kamel

noj

struts

lav

lejon

majmun

apa

flamingo

flamingo

papagaj

papegoja

polarni medvjed

isbjörn

pingvin

pingvin

ajkula

haj

paun

påfågel

zmija

orm

krokodil

krokodil

čuvar u zoološkom vrtu

djurskötare

tuljan

säl

jaguar

jaguar

poni

ponny

leopard

leopard

nilski konj

flodhäst

žirafa

giraff

orao

örn

divlja svinja

vildsvin

riba

fisk

kornjača

sköldpadda

morž

valross

lisica

räv

gazela

gazell

američki nogomet
amerikansk fotboll

biciklizam
cykling

tenis
tennis

košarka
basket

plivanje
simning

boks
boxning

hockey na ledu
ishockey

nogomet
fotboll

badminton
badminton

atletika
friidrott

rukomet
handboll

skijanje
skidåkning

polo
polo

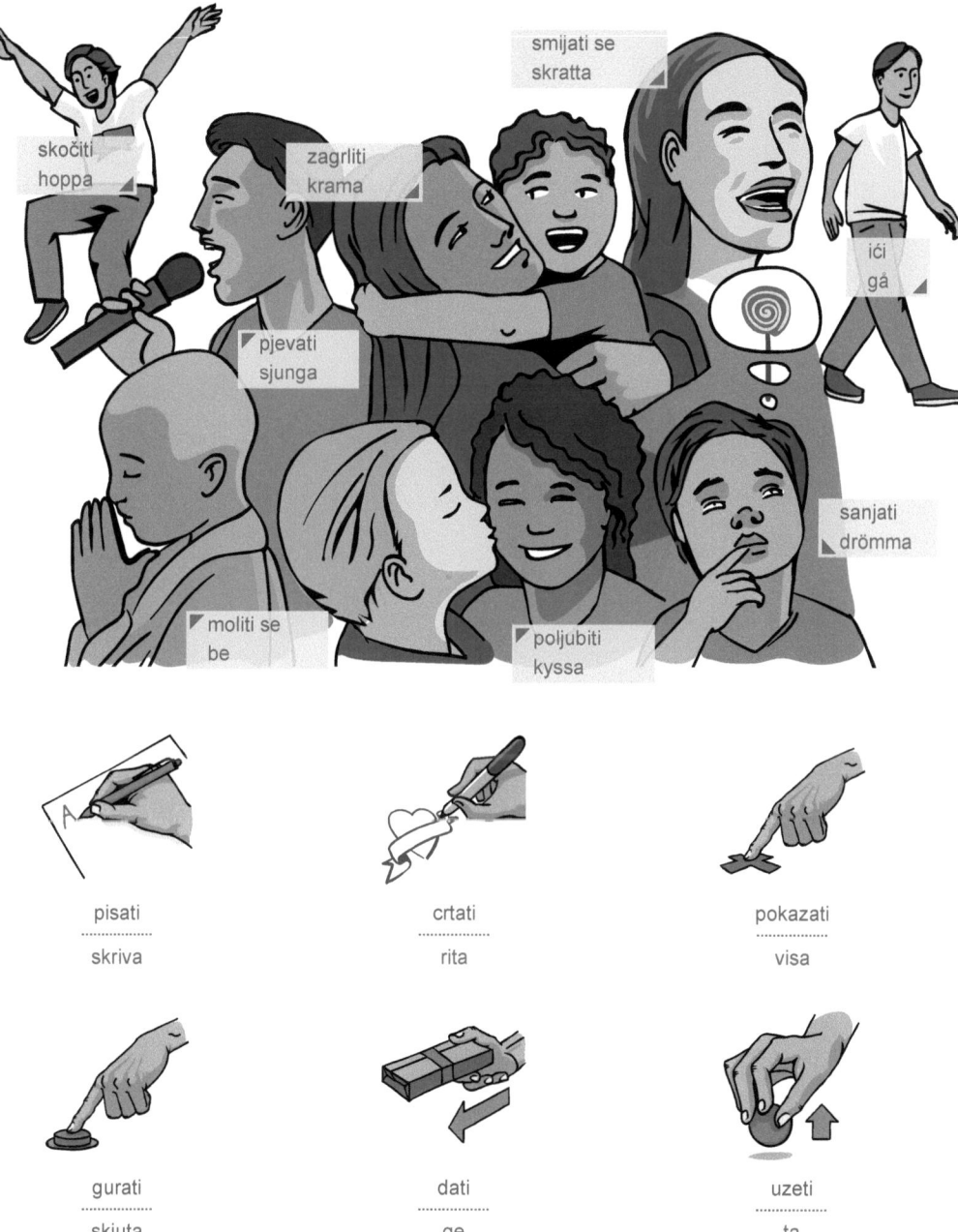

skočiti
hoppa

zagrliti
krama

smijati se
skratta

ići
gá

pjevati
sjunga

sanjati
drömma

moliti se
be

poljubiti
kyssa

pisati

skriva

crtati

rita

pokazati

visa

gurati

skjuta

dati

ge

uzeti

ta

imati
hagel

činiti
göra

biti
vara

stojati
stå

trčati
springa

povlačiti
dra

baciti
kasta

padati
falla

ležati
ligga

čekati
vänta

nositi
bära

sjediti
sitta

oblačiti
klä på

spavati
sova

probuditi se
vakna

gledati
se på

plakati
gråta

milovati
smeka

češljati
kamma

govoriti
prata

razumjeti
förstå

pitati
fråga

slušati
höra

piti
dricka

jesti
äta

pospremiti
städa

voljeti
älska

kuhati
laga mat

voziti
köra

letjeti
flyga

ploviti

segla

računati

räkna

čitati

läsa

učiti

lära sig

raditi

arbeta

vjenčati se

gifta sig

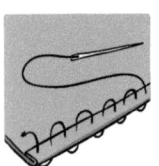

šiti

sy

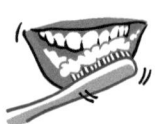

prati zube

borsta tänderna

ubiti

döda

pušiti

röka

poslati

skicka

# obitelj
# familj

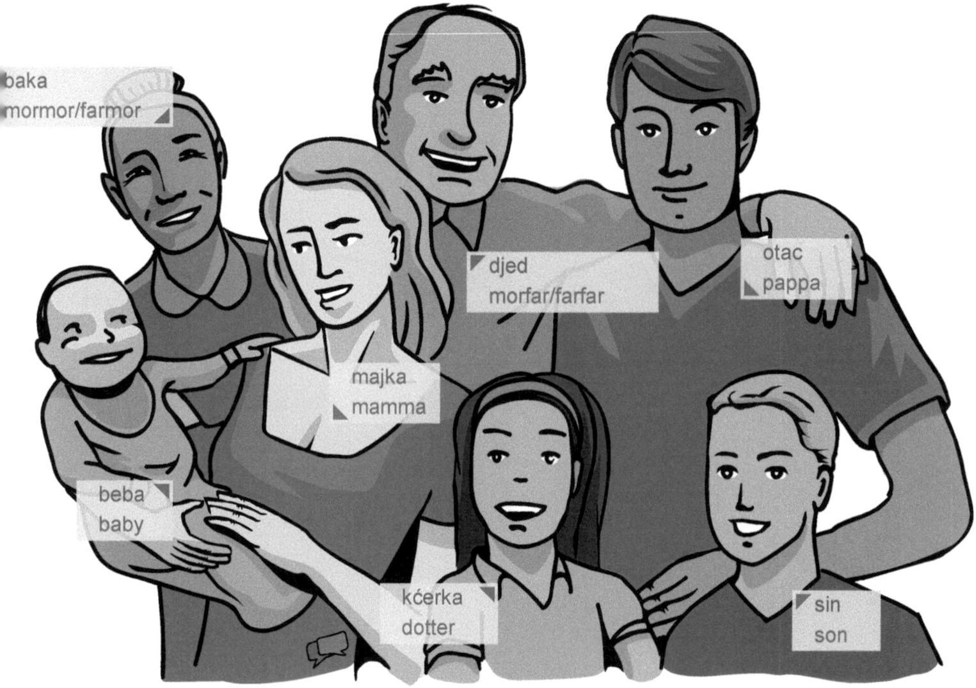
baka
mormor/farmor
djed
morfar/farfar
otac
pappa
majka
mamma
beba
baby
kćerka
dotter
sin
son

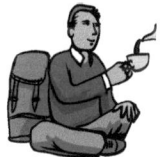

gost

gäst

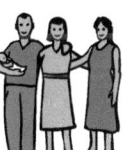

tetka

moster/faster

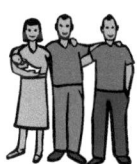

ujak, stric

farbror/morbror

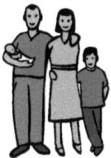

brat

bror

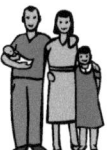

sestra

syster

# tijelo
# kropp

čelo
panna
oko
öga
rame
skuldra
prst
finger
lice
ansikte
brada
haka
ruka
hand
noga
ben
grudi
bröst
ruka
arm

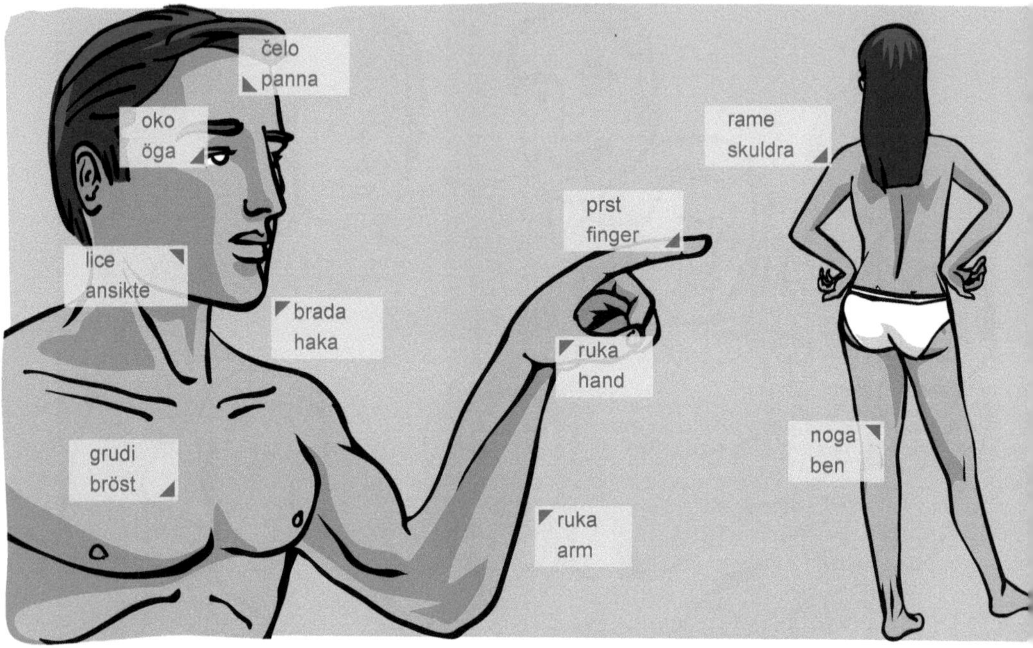

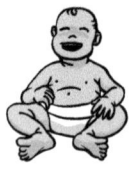

beba

baby

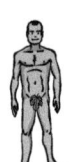

muškarac

man

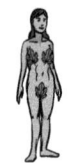

žena

kvinna

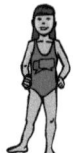

djevojčica

flicka

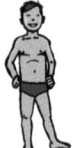

dječak

pojke

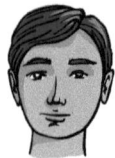

glava

huvud

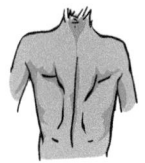

leđa
·················
rygg

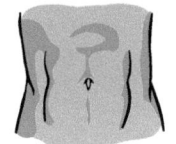

trbuh
·················
mage

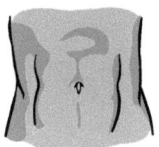

pupak
·················
navel

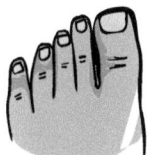

nožni prst
·················
tå

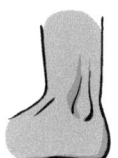

peta
·················
häl

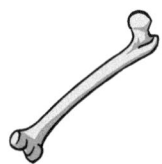

kost
·················
ben

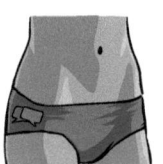

kuk
·················
höft

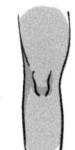

koljeno
·················
knä

lakat
·················
armbåge

nos
·················
näsa

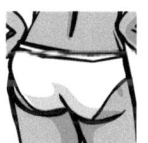

stražnjica
·················
stjärt

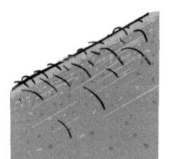

koža
·················
hud

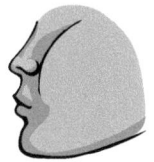

obraz
·················
kind

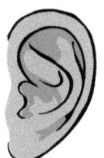

uho
·················
öra

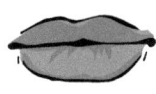

usna
·················
läpp

usta

mun

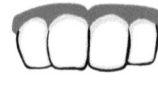

zub

tand

jezik

tunga

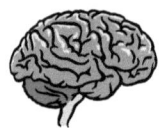

mozak

hjärna

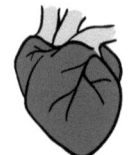

srce

hjärta

mišić

muskel

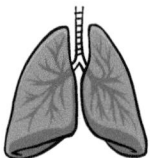

pluća

lunga

jetra

lever

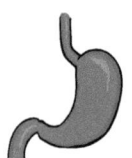

želudac

magsäck

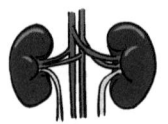

bubrezi

njurar

snošaj

sex

kondom

kondom

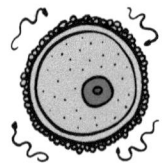

jajna stanica

äggcell

sperma

sperma

trudnoća

graviditet

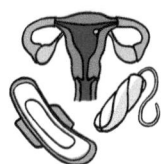

menstruacija

menstruation

vagina

vagina

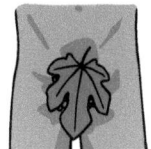

penis

penis

obrva

ögonbryn

kosa

hår

vrat

nacke

# bolnica
# sjukhus

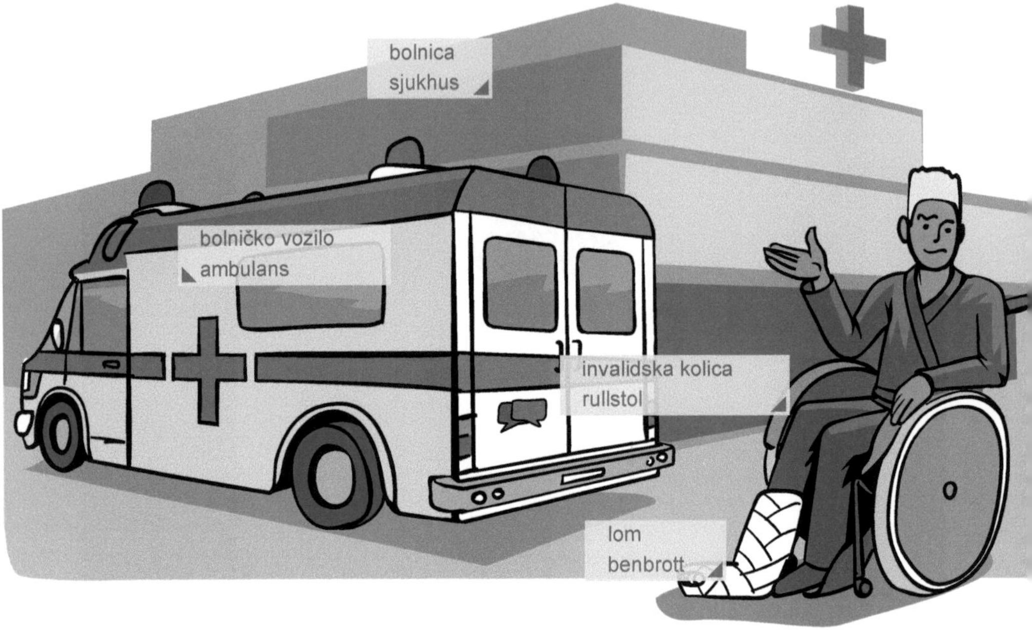

bolnica
sjukhus
bolničko vozilo
ambulans
invalidska kolica
rullstol
lom
benbrott

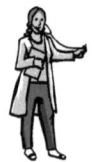

liječnik

läkare

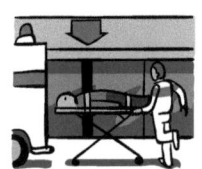

hitna medicinska služba

akutmottagning

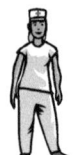

medicinska sestra

sjuksköterska

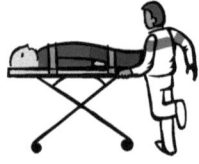

hitni slučaj

nödsituation

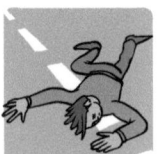

nesvijest

medvetslös

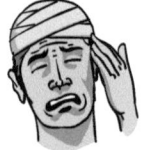

bol

smärta

ozljeda

skada

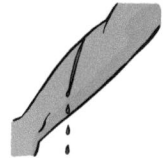

krvarenje

blödning

srćani infarkt

hjärtattack

moždani udar

slaganfall

alergija

allergi

kašalj

hosta

groznica

feber

gripa

influensa

proljev

diarré

glavobolja

huvudvärk

rak

cancer

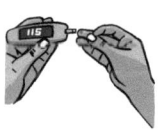

dijabetes

diabetes

kirurg

kirurg

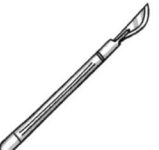

skalpel

skalpell

operacija

operation

ct
CT

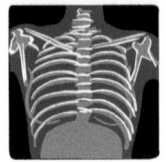

rentgen
röntgen

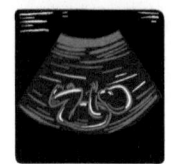

ultrazvuk
ultraljud

maska
ansiktsmask

bolest
sjukdom

čekaonica
väntsal

štaka
krycka

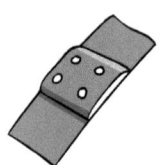

flaster
plåster

zavoj
bandage

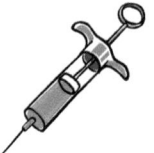

injekcija
injektion

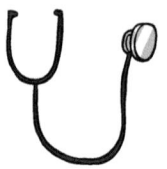

stetoskop
stetoskop

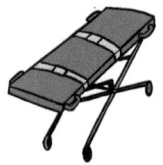

nosilo
bår

termometar
termometer

rođenje
födsel

prekomjerna težina
övervikt

slušni aparat

hörapparat

sredstvo za dezinfekciju

desinfektionsmedel

infekcija

infektion

virus

virus

hiv / sida

HIV / AIDS

medicina

medicin

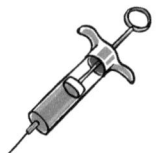

vakcinacija

vaccination

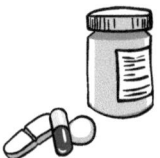

tablete

tabletter

pilula

p-piller

poziv u pomoć

nödsamtal

uređaj za mjerenje tlaka

blodtrycksmätare

bolesno / zdravo

sjuk / frisk

pomoć!

Hjälp!

alarm

alarm

nasrtaj

överfall

napad

misshandel

opasnost

fara

izlaz za nuždu

nödutgång

požar!

Det brinner!

vatrogasni aparat

brandsläckare

nezgoda

olycka

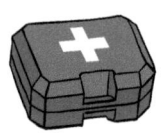

kofer prve pomoći

förbandslåda

sos

SOS

policija

polis

Europa

Europa

sjeverna amerika

Nordamerika

južna amerika

Sydamerika

Afrika

Afrika

Azija

Asien

Australija

Australien

Atlantik

Atlanten

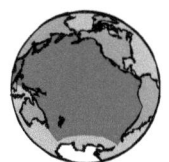

Pacifik

Stilla Havet

ocean

Indiska Oceanen

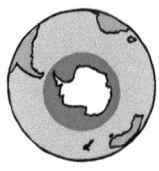

antarktički ocean

Antarktiska Oceanen

arktički ocean

Arktiska Oceanen

sjeverni pol

Nordpol

južni pol

Sydpol

Antarktik

Antarktis

zemlja

Jorden

zemlja

land

more

hav

otok

ö

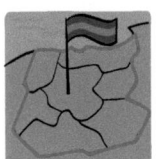

nacija

nation

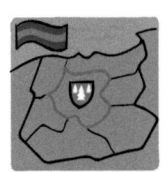

država

stat

brojčanik sata

urtavla

satna kazaljka

timvisare

minutna kazaljka

minutvisare

sekundna kazaljka

sekundvisare

Koliko je sati?

Vad är klockan?

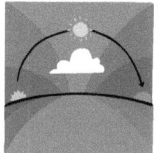

dan

dag

vrijeme

tid

sada

nu

digitalni sat

digital klocka

minuta

minut

sat

timme

# tjedan
## vecka

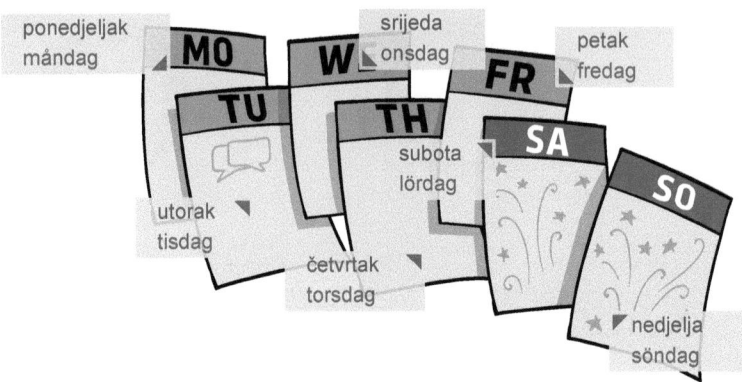

ponedjeljak
måndag
**MO**

**W** srijeda
onsdag

petak
fredag
**FR**

**TU**

**TH**

**SA**

utorak
tisdag

subota
lördag

**SO**

četvrtak
torsdag

nedjelja
söndag

jučer
.................
igår

danas
.................
idag

sutra
.................
imorgon

jutro
.................
morgon

podne
.................
middag

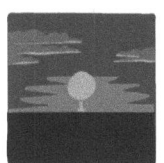

večer
.................
kväll

| MO | TU | WE | TH | FR | SA | SU |
|----|----|----|----|----|----|----|
| 1 | 2 | 3 | 4 | 5 | 6 | 7 |
| 8 | 9 | 10 | 11 | 12 | 13 | 14 |
| 15 | 16 | 17 | 18 | 19 | 20 | 21 |
| 22 | 23 | 24 | 25 | 26 | 27 | 28 |
| 29 | 30 | 31 | 1 | 2 | 3 | 4 |

radni dani
.................
vardagar

| MO | TU | WE | TH | FR | SA | SU |
|----|----|----|----|----|----|----|
| 1 | 2 | 3 | 4 | 5 | 6 | 7 |
| 8 | 9 | 10 | 11 | 12 | 13 | 14 |
| 15 | 16 | 17 | 18 | 19 | 20 | 21 |
| 22 | 23 | 24 | 25 | 26 | 27 | 28 |
| 29 | 30 | 31 | 1 | 2 | 3 | 4 |

vikend
.................
helg

kiša
regn

duga
regnbåge

snijeg
snö

vjetar
vind

proljeće
vår

ljeto
sommar

jesen
höst

zima
vinter

| 4.APRIL | 11° | ☀ |
| 5.APRIL | 4° | |
| 6.APRIL | 13° | |
| 7.APRIL | 8° | ❄ |
| 8.APRIL | 10° | ☀ |

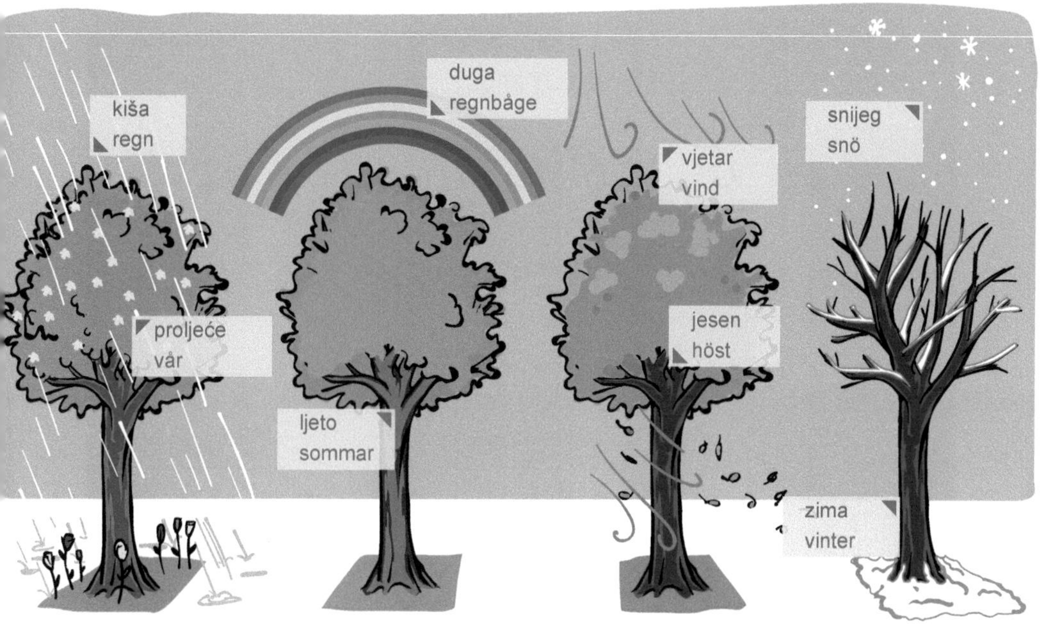

meteorološka prognoza
.................
väderprognos

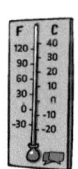

termometar
.................
termometer

sunčana svjetlost
.................
solsken

oblak
.................
moln

magla
.................
dimma

vlažnost zraka
.................
luftfuktighet

munja

blixt

grmljavina

åska

oluja

storm

tuča

hagel

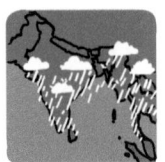

monsun

monsun

poplava

översvämning

led

is

siječanj

januari

veljača

februari

ožujak

mars

travanj

april

svibanj

maj

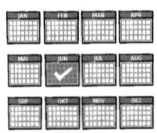

lipanj

juni

srpanj

juli

kolovoz

augusti

godina - år

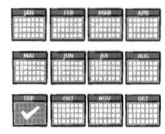

rujan
........................
september

listopad
........................
oktober

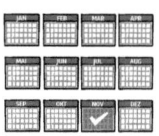

studeni
........................
november

prosinac
........................
december

krug
........................
cirkel

kvadrat
........................
kvadrat

pravokutnik
........................
rektangel

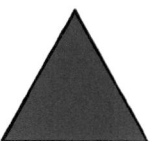

trokut
........................
triangel

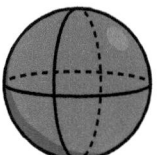

kugla
........................
sfär

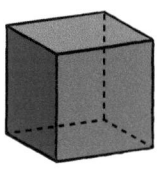

kocka
........................
kub

bijela

vit

žuta

gul

narančasta

orange

ružičasta

rosa

crvena

röd

ljubičasta

lila

plava

blå

zelena

grön

smeđa

brun

siva

grå

crna

svart

mnogo / malo
mycket / lite

ljutito / mirno
arg / lugn

lijepo / ružno
vacker / ful

početak / kraj
början / slut

veliko / maleno
stor / liten

svijetlo / tamno
ljus / mörk

brat / sestra
bror / syster

čisto / prljavo
ren / smutsig

potpuno / nepotpuno
komplett / ofullständig

dan / noć
dag / natt

mrtvo / živo
död / levande

široko / usko
bred / smal

jestivo / nejestivo

ätlig / oätlig

zlo / dobro

ond / god

uzbuđeno / dosadno

upphetsad / uttråkad

debelo / mršavo

tjock / smal

na početku / na kraju

först / sist

prijatelj / neprijatelj

vän / fiende

puno / prazno

full / tom

tvrdo / mekano

hård / mjuk

teško / lagano

tung / lätt

glad / žeđ

hunger / törst

bolesno / zdravo

sjuk / frisk

ilegalno / legalno

olaglig / laglig

pametno / glupo

intelligent / dum

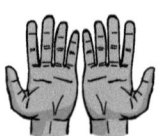

lijevo / desno

vänster / höger

blizu / daleko

nära / långt bort

novo / rabljeno

ny / begagnad

ništa / nešto

inget / något

staro / mlado

gammal / ung

uključeno / isključeno

på / av

otvoreno / zatvoreno

öppen / stängd

tiho / glasno

tyst / högljudd

bogato / siromašno

rik / fattig

točno / pogrešno

rätt / fel

hrapavo / glatko

grov / slät

tužno / sretno

ledsen / glad

kratko / dugo

kort / lång

polako / brzo

långsam / snabb

mokro / suho

våt / torr

toplo / hladno

varm / sval

rat / mir

krig / fred

**0**

nula

noll

**1**

jedan

ett

**2**

dva

två

**3**

tri

tre

**4**

četiri

fyra

**5**

pet

fem

**6**

šest

sex

**7**

sedam

sju

**8**

osam

åtta

**9**

devet

nio

**10**

deset

tio

**11**

jedanaest

elva

## 12
dvanaest

tolv

## 13
trinaest

tretton

## 14
četrnaest

fjorton

## 15
petnaest

femton

## 16
šestnaest

sexton

## 17
sedamnaest

sjutton

## 18
osamnaest

arton

## 19
devetnaest

nitton

## 20
dvadeset

tjugo

## 100
stotinu

hundra

## 1.000
tisuću

tusen

## 1.000.000
milijun

miljon

engleski

engelska

američko engleski

amerikansk engelska

kinesko mandarinski

kinesisk mandarin

hindi

hindi

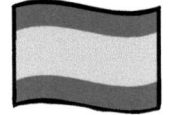

španjolski

spanska

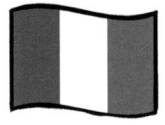

francuski

franska

arapski

arabiska

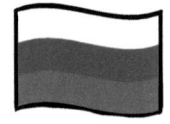

ruski

ryska

portugalski

portugisiska

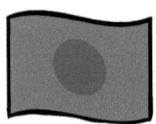

bengalski

bengali

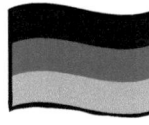

njemački

tyska

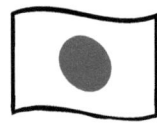

japanski

japanska

ja
jag

ti
du

on / ona / ono
han / hon / den (det)

mi
vi

vi
ni

oni
de

tko?
vem?

što?
vad?

kako?
hur?

gdje?
var?

kada?
när?

ime
namn

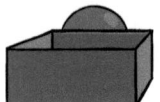

iza

bakom

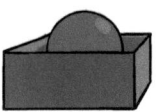

u

i

ispred

framför

preko

över

na

på

ispod

under

pored

bredvid

između

mellan

mjesto

plats